Delphine de Montalier

# Taartjes

Met foto's van David Japy

*Becht*

# Inhoud

# Tips en trucs

## Zelf taartdeeg maken?

Voor hartige taarten kun je het beste kruimeldeeg of bladerdeeg gebruiken. Maar je kunt deze traditionele soorten deeg ook vervangen door kant-en-klaar filodeeg of deeg voor hartige taarten uit de koeling bij de supermarkt. De taart wordt er wat lichter van, maar ziet er iets minder mooi uit. Als je er tijd voor hebt, moet je echt zelf deeg maken, dat is beslist veel lekkerder dan kant-en-klaar fabrieksdeeg!

Waar in de ingrediënten bij de recepten sprake is van 1 portie (...)deeg, worden de basisrecepten voor kruimel-, blader- en zanddeeg op p. 4 en 5 bedoeld.

## Kruimeldeeg

Voor 1 grote of 6 kleine taartjes: 250 g bloem | 5 g zout | 125 g zachte, in blokjes gesneden boter | 1 eidooier | 2 eetlepels ijskoud water
Maak op je werkblad een bergje van de bloem en maak daar een kuiltje in. Strooi het zout op de rand. Doe de boter en de eidooier in het kuiltje. Meng eerst deze twee ingrediënten in het kuiltje door elkaar en neem daarna ook de bloem mee. Kneed zo min mogelijk en sprenkel er af en toe water overheen. Vorm een bal van het brokkelige deeg, druk deze plat tot een ronde platte koek en wikkel hem in huishoudfolie.

## Snel bladerdeeg

Voor 1 grote taart:
250 g bloem | 5 g zout | 150 g bevroren boter | 15 cl water
Vergeet niet de boter te laten bevriezen, anders lukt het niet. Doe de bloem en het zout in een grote schaal. Rasp de boter over de bloem. Roer de boter met een spatel door de bloem en sprenkel er wat water overheen. Ga door met mengen zodat een gelijkmatig deeg ontstaat. Maak er een bal van en leg deze een uur in een afgesloten bakje koel weg. Bestrooi het werkblad met bloem en druk het deeg daarop uit tot een rechthoek die driemaal zo lang als breed is: de deeglap moet ongeveer 1 cm dik zijn. Vouw hem in drieën, draai een kwartslag en druk weer uit tot een lange lap. Vouw deze weer in drieën en leg 1 uur koud weg. Herhaal dit tweemaal.

## Zanddeeg

## Blind bakken

## De taart uit de vorm krijgen

Voor 1 grote of 6 kleine taartjes: 170 g bloem | 5 g zout | 115 g zachte, in blokjes gesneden boter | 40 g poedersuiker | 1 ei | ¹/₂ zakje vanillesuiker

Vermeng de bloem met de poedersuiker, de vanillesuiker en het zout. Maak op je werkblad een bergje van de bloem en maak er een kuiltje in, waar je de boter en het ei in legt. Meng eerst in het midden deze twee ingrediënten door elkaar en neem daarna ook de bloem mee. Kneed zo min mogelijk. Vorm een bal van de stukken deeg, druk deze plat tot een ronde platte koek en wikkel hem in folie.

Bekleed de taartbodem met bakpapier. Leg er een noodvulling in (speciale gewichtjes of droge bonen), zodat het deeg tijdens het bakken niet r ijst. Bak de taartbodem zo lang als wordt aangegeven onderin de oven. Haal hem er daarna uit, verwijder de noodvulling en het papier, bestrijk met eiwit (als het recept dat aangeeft) en zet in het midden van de oven terug gedurende de aangegeven tijd.

Reken voor een grote bodem 20 minuten: 10 met noodvulling + 10 minuten zonder de vulling.

Voor kleine taartjes reken je 15 minuten: 10 met noodvulling + 5 minuten zonder.

Ik gebruik een trucje om mijn taarten goed uit de vorm te krijgen en dat werkt altijd, ook als de vulling over de rand gerezen is en de taart vast blijft zitten. Vet de vorm rijkelijk in met boter, knip twee repen bakpapier van 1 bij 5 cm en leg die kruiselings onderin de vorm en druk ze goed aan. Als de taart klaar is, til je hem door middel van de repen op en haal je hem uit de vorm.

Deze techniek werkt goed voor kleine taartjes. Voor grote taarten knip je twee repen van 2 bij 35 cm en daar leg je dan een groot rond stuk bakpapier op, dat precies in de vorm past. De taart moet echter niet te zacht zijn.

# Meerkazentaart

**Voor 6 personen**

1 portie kruimeldeeg

1 eiwit (voor de taartbodem, zie p. 5)

70 g geitenkaas van een rolletje in plakjes

70 g emmentaler in stukjes

70 g roquefort in brokjes

100 g crème fraîche

2 geklutste eieren

peper


1 taartvorm van 20 cm doorsnee

Verwarm de oven voor op 180 °C.

Rol het deeg uit op een werkblad en prik er met een vork gaatjes in. Rol het om een deegroller en rol het uit in de beboterde taartvorm, met de gaatjes naar beneden. Zet 30 minuten in de koelkast. Bak de bodem blind (zie p. 5).

Laat de emmentaler en de roquefort in een pan op heel zacht vuur of au bain-marie smelten. Meng, als de kaas vloeibaar is, beetje bij beetje de crème fraîche erdoorheen. Voeg van het vuur af de geklutste eieren toe en roer snel door elkaar. Breng op smaak met peper. Schenk dit mengsel in de deegbodem en leg er de plakjes geitenkaas in een rozet bovenop. Zet 30 minuten in de oven.


TIP: Dit is een heerlijke taart voor de echte kaasliefhebber... En een begeleidende salade mag niet ontbreken!

# Smeuïge munstertaart

**Voor 6 personen**

1 portie kruimeldeeg

1 eiwit (voor de taartbodem, zie p. 5)

200 g munster zonder korst in stukjes

20 cl crème fraîche

180 g blokjes gerookt spek

2 uien, in dunne plakjes

1 koffielepel komijnpoeder

4 eetlepels bier

peper en zout

1 taartvorm van 22 cm doorsnee

Verwarm de oven voor op 180 °C.

Rol het deeg uit, prik er met een vork gaatjes in en bekleed de beboterde taartvorm ermee, gaatjes naar beneden. Zet 30 minuten koel weg. Bak de bodem blind (zie p. 5).

Leg de spekblokjes 5 minuten in een pan kokend water. Giet af en dep ze droog. Fruit ze samen met de plakjes ui in een hete hapjespan goudbruin. Giet het bier erbij. Voeg de helft van de munster, de crème fraîche en het komijnpoeder toe. Doe er een klein beetje zout bij en peper. Verwarm het geheel al roerend met een houten pollepel gedurende 2 minuten. Schenk het mengsel in de vorm en verdeel de andere helft van de munster eroverheen. Zet 20 minuten in de oven.

# Moeder Clem's taart

**Voor 6 personen**

1 portie bladerdeeg

3 koffielepels mosterd

100 g cantal zonder korst in dunne plakjes

3 of 4 middelgrote, ronde tomaten

2 takjes dragon

olijfolie

peper

1 bakplaat

Verwarm de oven voor op 180 °C.

Snijd de tomaten in dunne plakjes en verwijder zo veel mogelijk vocht en pitjes. Dep ze droog. Leg het deeg op de met bakpapier beklede bakplaat en prik er met een vork gaatjes in. Smeer de mosterd erover uit. Verdeel de cantal erover en leg er daarna de tomaten op. Breng op smaak met peper, besprenkel met een klein beetje olijfolie en strooi er tenslotte de dragonblaadjes overheen. Zet 30 minuten in de oven. Dien warm, lauw of koud op, met een salade van veldsla en walnoten.

VARIATIE: Voor een lichtere versie kun je kruimeldeeg gebruiken.

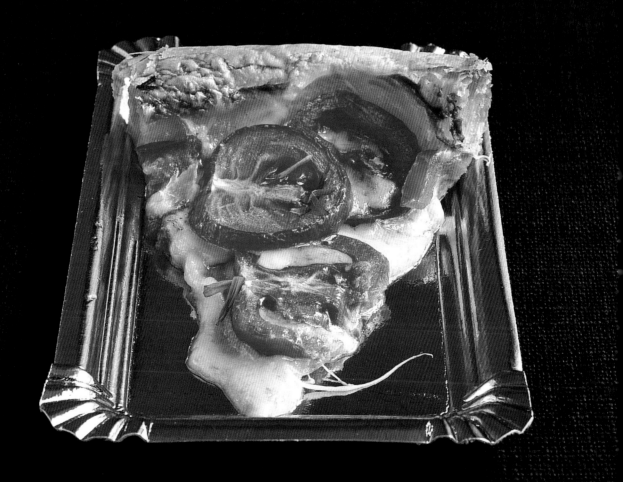

# Krokant geitenkaastaartje

**Voor 6 personen**

3 velletjes filodeeg

15 g gesmolten boter

25 g pijnboompitjes

250 g courgette in dunne plakjes

70 g verse geitenkaas

70 g verse ricotta

het sap van ½ citroen

10 muntblaadjes

olijfolie

peper en zout

1 springvorm van 22 cm doorsnee

Verwarm de oven voor op 160 °C.

Rooster de pijnboompitten goudbruin en hak ze grof. Beboter de springvorm en leg er een velletje filodeeg in dat je met behulp van een kwastje besmeert met boter. Leg er een tweede velletje filodeeg in, zodat de bodem van de vorm helemaal bedekt is. Strooi de pijnboompitjes eroverheen, leg er een derde velletje filodeeg op en knip de overhangende rand af. Bak het geheel blind (zie p.5) niet langer dan 5 minuten.

Meng de geitenkaas, de ricotta, de muntblaadjes en het citroensap door elkaar. Doe er een beetje zout bij en peper. Giet dit over de bodem en verdeel de plakjes courgette erover. Zet 35 minuten in de oven. Haal de taart voorzichtig uit de vorm.

Dien lauw op, besprenkeld met een beetje olijfolie en met een superknapperige salade met mosterddressing.

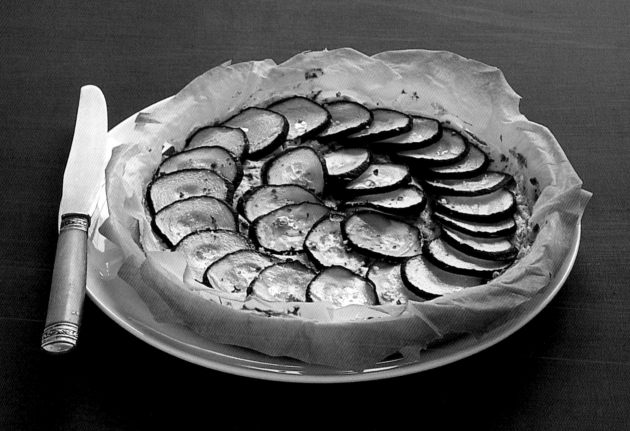

# Taart met gekonfijte tomaten

**Voor 3 of 4 personen**

1 portie bladerdeeg

500 g flinke kerstomaatjes

1 koffielepel zout

1 koffielepel gemalen peper

1 koffielepel poedersuiker

1 geplet knoflookteentje

2 eetlepels pesto

100 g gewassen en gedroogde rucola

50 g Parmezaanse kaas

olijfolie

fijn zout (liefst fleur de sel, of zeezout), peper

1 bakplaat

Verwarm de oven voor op 130 °C.

Snijd de tomaten doormidden en verwijder zo veel mogelijk vocht en pitjes. Leg ze met de open kant naar beneden op keukenpapier.

Meng in een schaal 4 eetlepels olijfolie, het zout, de gemalen peper, de poedersuiker en de knoflook door elkaar. Schenk het mengsel in een grote ovenvaste schaal en leg de tomaten erop, met de open kant naar beneden. Laat 1 uur intrekken.

Zet de oven vervolgens op 160°C.

Spreid het deeg uit over de met bakpapier beklede bakplaat. Prik er met een vork gaatjes in en maak er een rechthoek van ter grootte van 15 bij 26 cm. Smeer de pesto erover uit, waarbij je een rand van ongeveer 1 cm vrij laat. Leg vervolgens de tomaten erop, met de open kant naar boven. Sprenkel er een beetje olijfolie overheen. Zet 20 minuten onderin de oven. Het deeg moet rijzen en mooi goudbruin worden.

Schaaf met een dunschiller schilfers van de Parmezaanse kaas. Leg als de taart gaar is de rucola en de Parmezaanse kaas erop, sprenkel er een beetje olijfolie overheen en tenslotte wat peper en zout.

TIP: Je kunt de tomaten van tevoren klaarmaken en de taart op het laatste moment bakken... Maar let op, leg de pesto en de tomaat pas op het allerlaatst op de taartbodem, vlak voordat hij de oven ingaat. Als je dat al van tevoren doet, wordt de taartbodem helemaal zacht door de pesto en de tomaten.

# Taart met aubergine en gekonfijte tomaten

Voor 6 personen

1 portie kruimeldeeg

30 g geraspte Parmezaanse kaas

3 kleine aubergines in plakjes

500 g flinke kerstomaatjes

1 gekneusd knoflookteentje

2 eetlepels gedroogde oregano

½ bosje fijngeknipte basilicum

het sap van ½ citroen

6 eetlepels olijfolie

peper en zout

1 taartvorm van 26 cm doorsnee

Verwarm de oven voor op 180 °C.

Leg het deeg op een werkblad en prik er met een vork gaatjes in. Rol het om een deegroller en rol het vervolgens uit in de beboterde taartvorm, met de gaatjes naar beneden. Strooi de Parmezaanse kaas eroverheen en druk de kaas met je platte hand in het deeg. Zet 30 minuten in de koelkast.

Bak de bodem blind (zie p. 5).

Temper de oven tot 160 °C.

Meng in een kom de knoflook, de oregano, de olijfolie, de basilicum, het citroensap en wat peper en zout door elkaar. Leg de hele tomaten aan de ene kant van een bakplaat en de aubergines aan de andere kant. Besprenkel ze ruim met het mengsel. Bij de aubergines kun je zelfs nog wat extra olijfolie toevoegen: lekker! Zet 45 minuten in de oven. Haal de tomaten eruit, draai de aubergines om en besprenkel ze met olijfolie. Zet nog eens 45 minuten in de oven. Leg de aubergineschijfjes in een rozet op de taartbodem, leg de tomaten daarbovenop en zet 10 minuten in de oven zodat het geheel weer goed warm wordt.

Je kunt alles van tevoren klaarmaken en de taart op het laatste moment opmaken. Reken in dat geval voor het opwarmen 15 minuten op 150 °C.

Dien de taart warm of lauw op met een gemengde salade en een zoete dressing.

# De taart van mijn vriendin Soso

**Voor 4 à 6 personen**

1 portie kruimeldeeg

1 eidooier

1 grote soeplepel crème fraîche

de blaadjes van een bosje basilicum

3 courgettes

3 of 4 tomaten

1 rol geitenkaas in plakjes

10 cl olijfolie

peper

1 bakplaat

Verwarm de oven voor op 200 °C.

Laat de basilicumblaadjes trekken in de olijfolie. Leg het deeg plat neer op de ingevette of met bakpapier beklede bakplaat. Maak geen opstaand randje. Prik er met een vork gaatjes in. Roer in een schaal de eidooier en de crème fraîche door elkaar. Verdeel dit mengsel over het deeg.

Snijd de courgettes en de tomaten in plakjes van 1 cm dik. Verwijder wat vocht en pitjes uit de tomaten, zodat er geen water meer uit loopt. Leg de ingrediënten als een rozet en als volgt op het deeg: een plakje tomaat, een plakje courgette, een plakje geitenkaas, dan weer een plakje tomaat, courgette en geitenkaas... Giet de helft van de olijfolie met de basilicumblaadjes eroverheen en strooi er daarna peper op.

Bak 30 minuten onderin de oven. Schenk, als de taart gaar is, de andere helft van de olijfolie met de basilicumblaadjes eroverheen en dien op.

TIP: Deze taart is ideaal voor de zondagavond en je kunt hem nog lekkerder maken als je goed gerijpte geitenkaas gebruikt.

# Spinazie-ricotta-munttaart

**Voor 6 personen**

6 velletjes filodeeg

15 g gesmolten boter

200 g jonge spinazieblaadjes

4 sjalotjes in dunne plakjes

350 g ricotta

60 g versgeraspte Parmezaanse kaas

15 fijngeknipte muntblaadjes

½ koffielepel Espelettepeper (een mild chilipepertje)

3 geklutste eieren

olijfolie

peper en zout

1 rechthoekige springvorm

Verwarm de oven voor op 160 °C.

Vet de vorm in met boter, leg er overdwars een velletje filodeeg in en druk dat goed aan. Kwastje boter erover en herhaal dit met alle velletjes, zodat de bodem van de vorm helemaal bedekt is. Eventueel kun je de overhangende randen afknippen. Zet 10 minuten in de oven zodat je een licht goudgele taartbodem krijgt.

Zet de oven op 180 °C. Laat de jonge spinazieblaadjes in een grote hapjespan samen met de sjalotjes en 2 eetlepels olijfolie in 10 minuten op matig vuur slinken.

Vermeng de spinazie en de sjalotjes in een grote schaal met de ricotta, de Parmezaanse kaas, de muntblaadjes, de Espelettepeper en de eieren. Breng op smaak met peper en zout en roer goed door, zodat het een smeuïg mengsel wordt. Schenk dit op de taartbodem. Zet 30 minuten in de oven.

Dien de taart warm of lauw op.

# Spinazie-gorgonzolataart

**Voor 6 personen**

1 portie bladerdeeg

1 eiwit (voor de taartbodem, zie p. 5)

120 g gorgonzola in stukjes

100 g grof gesneden jonge spinazieblaadjes

20 cl slagroom

100 g versgeraspte Parmezaanse kaas

1 geklutst ei

peper en zout

1 bakvorm met een hoge rand van 18 cm doorsnee

Verwarm de oven voor op 200 °C.

Leg het deeg op een werkblad en prik er met een vork gaatjes in. Rol het om een deegroller en rol het uit in de beboterde vorm, met de gaatjes naar beneden. Zet 30 minuten in de koelkast. Bak de bodem blind (zie p. 5).

Roer in een grote kom het ei, de slagroom, de Parmezaanse kaas, wat peper en een klein beetje zout door elkaar. Meng de spinazie en de stukjes gorgonzola er goed doorheen. Leg dit mengsel op de taartbodem. Zet 40 minuten in de oven. Bedek tijdens het bakken met aluminiumfolie om te voorkomen dat de taart te donker wordt.

Dien de taart lauw op met mooie dunne plakjes rauwe ham, bijvoorbeeld San Daniele.

VARIATIE: Je kunt de gorgonzola vervangen door andere blauwe kaas.

# Preitaart

**Voor 4 à 6 personen**

5 velletjes brickdeeg

20 g gesmolten boter

300 g prei, in de lengte, en daarna in de breedte doormidden gesneden

50 g boter

400 g verse kwark

1 geklopte eidooier

50 g versgeraspte Parmezaanse kaas

12 fijngeknipte blaadjes salie

1 koffielepel Espelettepeper (een mild chilipepertje)

30 g geroosterde pijnboompitjes

1 bakplaat

Verwarm de oven voor op 160 °C.

Leg een velletje brickdeeg op de met bakpapier beklede bakplaat. Smeer het in met gesmolten boter. Herhaal dit met de andere velletjes, je stapelt ze dus op elkaar. Beboter het laatste velletje niet. Zet 10 minuten in de oven.

Fruit de prei in een hapjespan in 40 g boter op laag vuur aan elke kant 7 minuten. Verbrokkel de kwark en roer het eigeel, de Parmezaanse kaas, de salie en het pepertje erdoor. Breng op smaak met peper. Leg dat mengsel op de taartbodem en de prei daar bovenop. Sprenkel de boter eroverheen. Zet 20 minuten in de oven. Strooi de pijnboompitjes eroverheen en dien op.

# Kruiden-pijnboompitjestaart

**Voor 6 personen**

1 portie bladerdeeg

250 g rucola (bij voorkeur wilde)

1/3 bosje fijngeknipte bieslook

1/3 bosje koriander, de afgeriste blaadjes

1/3 bosje kervel, de afgeriste blaadjes

2 takjes dragon, de afgeriste blaadjes

2 takjes platte peterselie, de afgeriste blaadjes

2 takjes basilicum, de afgeriste blaadjes

60 g pijnboompitjes

3 eetlepels olijfolie

1 eetlepel sojasaus

1 koffielepel balsamicoazijn

een paar druppels rode tabasco

fijn zout (fleur de sel), peper

1 bakplaat

Verwarm de oven voor op 200 °C.

Spreid het deeg uit, prik er met een vork gaatjes in en leg het op de met bakpapier beklede bakplaat, met de gaatjes naar beneden. Bak het deeg blind (zie p.5): 12 minuten met een noodvulling + 15 minuten zonder vulling. Laat 10 minuten afkoelen.

Meng in een grote kom alle ingrediënten door elkaar. Schenk het mengsel op de taartbodem. Breng op smaak met peper en zout.

Dien op met vlees of gegrilde vis.

# Tarte Tatin met tomaten

**Voor 4 personen**

1 portie kruimeldeeg

1 kg flinke kerstomaatjes

5 eetlepels tomatenpuree

2 gekneusde teentjes knoflook

20 fijngeknipte blaadjes basilicum

1 eetlepel balsamicoazijn

2 eetlepels bruine basterdsuiker

olijfolie

peper en zout

1 hittebestendige taartvorm van 18 cm doorsnee

Verwarm de oven voor op 150 °C.

Dompel de tomaten even in kokend water, vervolgens in ijskoud water en pel ze. Snijd ze aan de onderkant (de kant van het steeltje) in en haal er met de punt van een dun mesje zo veel mogelijk vocht en pitjes uit. Leg ze op keukenpapier, met de opengesneden kant naar beneden. Vermeng 6 eetlepels olijfolie met de tomatenpuree, de knoflook en de basilicumblaadjes. Draai de tomaten om, leg met behulp van een klein lepeltje een schepje van dit mengsel op elke tomaat. Leg ze in een schaal. Besprenkel met olijfolie en strooi er wat peper overheen. Bak 1 uur en 30 minuten in de oven.

Zet de oven op 180 °C.

Snijd uit de deeglap een cirkel die 1 cm groter is dan de bodem van de vorm. Prik er met een vork gaatjes in en leg het deeg op een stuk bakpapier op een bakplaat. Bak het deeg blind met een noodvulling in het midden van de oven gedurende 20 minuten. Wikkel de taartbodem vervolgens in aluminiumfolie, zodat hij warm blijft. Giet de bruine suiker met de azijn in de vorm en verwarm dit 2 minuten op zacht vuur. Schik de tomaten dicht tegen elkaar aan in de vorm (de opengesneden kant naar boven), maar laat tussen de rand en de tomaten ongeveer 1 cm ruimte. Zet 20 minuten in de oven. Haal de vorm vervolgens uit de oven en leg de taartbodem ondersteboven op de tomaten. Keer de taart om op een platte schaal.

Dien direct op.

# Mijn uientaart

**Voor 6 personen**

1 portie bladerdeeg

7 middelgrote uien in dunne plakjes

50 g rozijnen

4 eetlepels olijfolie

1 eetlepel poedersuiker

1 eetlepel honing

2 koffielepels 'quatre-épices'(kruidenmengsel van peper, kruidnagel, nootmuskaat en gember en/of kaneel)

2 eetlepels crème fraîche

boter

peper en zout

1 bakplaat

Week de rozijnen in lauw water.

Verwarm de oven voor op 200 °C.

Laat de uien met de uitgelekte rozijnen op laag vuur in de olijfolie glazig worden in een hapjespan. Leg er een beboterd stuk aluminiumfolie overheen en laat 20 minuten zachtjes en onder veelvuldig roeren smoren. Voeg de poedersuiker en de honing toe en laat in 10 minuten op hoog vuur kleuren. Voeg de kruiden en de crème fraîche toe. Breng op smaak met peper en zout. Laat nog 3 minuten op matig vuur en zonder deksel doorkoken.

Spreid het deeg uit, en maak er een ronde, rechthoekige of vierkante lap van, wat je wilt! Leg deze op de bakplaat, verdeel het mengsel erover waarbij je rondom een rand van 1 cm vrij laat. Zet 20 minuten in de oven. Het deeg moet omhoog komen en mooi goudbruin zijn.

Dien de taart warm op en geef er eikenbladsla met balsamicoazijn bij.

VARIATIES: De taart wordt minder zoet als je de rozijnen en de poedersuiker weglaat.

Voor een minder 'oosterse' versie kun je de kruiden vervangen door verse tijm; de rozijnen en de suiker laat je dan weg.

# Sauzen

### Gembersiroop

5 minuten voorbereidingstijd
5 minuten kooktijd

250 g poedersuiker | 25 cl water |
2 eetlepels geraspte verse gember

Doe alle ingrediënten bij elkaar,
breng aan de kook en laat 5
minuten pruttelen.

Haal de siroop door een zeer fijne
zeef en laat afkoelen voordat je
hem over de vruchten schenkt:
aardbeien, appels, peren,
frambozen, meloen...

TIP: Deze siroop is uitstekend voor
een vinaigrette. Bewaar hem in een
afgesloten fles.

### Lemon curd

5 minuten voorbereidingstijd
1 minuut kooktijd

100 g boter | 4 onbespoten citroenen |
350 g poedersuiker | 4 eiwitten

Houd de rasp en het sap van de 4
citroenen apart. Laat de boter smelten
en verwarm licht. Roer in een kom de
boter, de citroenrasp, het citroensap en
de suiker door elkaar. Klop het eiwit stijf
en voeg het met kleine beetjes tegelijk
aan het mengsel toe. Schenk het in een
pan en verwarm au bain-marie terwijl je
blijft roeren tot het mengsel dik wordt.
Laat afkoelen en bewaar het niet meer
dan drie maanden in een zeer schone
glazen pot in de koelkast.

### Chocoladesaus

5 minuten voorbereidingstijd
5 minuten kooktijd

120 g pure chocolade in stukjes |
60 ml melk | 60 g poedersuiker |
25 g boter

Laat de chocolade op laag vuur in
de melk smelten. Voeg de suiker
toe en laat 2 minuten zachtjes
pruttelen. Roer de boter er goed
doorheen. Gebruik de saus warm
of koud.

## Amandelcrème

## Rozensiroop

## Vruchtensaus

15 minuten bereidingstijd
100 g amandelpoeder | 100 g
zachte boter | 100 g poedersuiker |
2 geklutste eieren

Doe de amandelpoeder in de kom
van een mixer en voeg met kleine
hoeveelheden tegelijk de boter
toe en dan de suiker. Schenk het
mengsel in een grote kom en voeg
een voor een de eieren toe, roer
daarna goed door elkaar. Koud
bewaren.

15 minuten bereidingstijd
250 g poedersuiker | 12 cl water |
1 koffielepel citroensap | 1 eetlepel
rozenwater

Doe de suiker, het citroensap en
het water in een pan en breng al
roerend aan de kook. Temper het
vuur als de suiker half opgelost
is, roer niet meer en laat zeer
zachtjes borrelen, zodat een
siroopachtige vloeistof ontstaat.
Voeg het rozenwater toe als de
vloeistof niet meer borrelt, schud
de pan heen en weer en schenk de
siroop in een glazen pot.

TIP: Voor een mooie roze kleur
kun je een druppeltje rode
levensmiddelenkleurstof toevoegen.

5 minuten voorbereidingstijd
15 minuten kooktijd

6 koffielepels jam of gelei
(abrikozen, aardbei, frambozen...) |
2 eetlepels water

Verwarm de jam of de gelei met
het water in een pannetje. Zeef
het mengsel als het stroperig is
geworden en sprenkel het over de
taart.

TIP: Ik gebruik deze saus als er niet
genoeg smaak aan het fruit zit.

# Frambozen-chocoladetaartjes

**Voor 6 personen**

1 portie zanddeeg

100 g frambozen

130 g pure chocolade met een cacaogehalte van 70%

100 g gezouten boter

1 geklust ei

3 eidooiers

1 eetlepel poedersuiker

2 eetlepels bruine basterdsuiker

6 taartvormpjes

Verwarm de oven voor op 180 °C.

Rol het deeg uit op een werkblad, prik er met een vork gaatjes in en snijd er 6 cirkels uit. Leg die in de beboterde vormpjes, met de gaatjes naar beneden, dus tegen de bodem van de vorm aan. Zet 30 minuten in de koelkast. Bak ze blind (zie p. 5) en laat afkoelen.

Zet de oven op 200 °C.

Smelt de chocolade au bain-marie of in de magnetron en laat lauw worden. Smelt de boter en houd apart. Voeg, stevig roerend met een houten pollepel, eerst het hele ei aan de chocolade toe en daarna, een voor een, de eidooiers. Meng de poedersuiker erdoorheen en dan de gesmolten boter. Schenk het mengsel in de taartbodempjes en druk vervolgens de frambozen in de chocolade, maar laat ze er een beetje bovenuit steken. Zet 10 minuten in de oven en haal ze er dan uit. Zet de ovengrill aan. Bestrooi de taartjes met bruine suiker en laat ze in 3 tot 5 minuten onder de grill, met de deur open, karameliseren.

# Amaretto-perziktaart

**Voor 6 personen**

1 portie kruimeldeeg

6 witte perziken

35 g boter

15 cl melk

½ opengespleten
vanillestokje

20 g poedersuiker

1 groot ei

20 g bloem

2 cl amaretto

80 g amandelpoeder

50 g pijnboompitjes

3 eetlepels bruine
basterdsuiker

1 taartvorm van 26 cm
doorsnee

Verwarm de oven voor op 180 °C.

Spreid het deeg dun uit, prik er met een vork gaatjes in, rol het om een deegroller en rol het dan ondersteboven uit in de beboterde taartvorm, met de gaatjes naar beneden. Zet 30 minuten in de koelkast en bak de bodem vervolgens blind (zie p. 5).

Maak de banketbakkersroom klaar: breng de melk met het vanillestokje aan de kook. Klop het ei met de poedersuiker in een kom totdat het wit en schuimig wordt. Roer de bloem en de hete melk erdoorheen (vanillestokje verwijderen). Giet over in een pan en klop op laag vuur tot een dikke room. Voeg, van het vuur af, 15 g boter in klontjes toe terwijl je blijft kloppen. Laat de room afkoelen onder huishoudfolie direct op de room, zodat er geen vel op komt.

Voeg de amaretto en de amandelpoeder toe als de room koud is en roer goed door elkaar. Schil de perziken en snijd ze in plakjes. Verdeel de amarettoroom over de taartbodem en leg de perzikschijfjes er in een rozet bovenop. Bestrooi met pijnboompitjes en bruine suiker, en voeg de rest van de boter in vlokjes toe. Zet 30 minuten in het midden van de oven.

Laat afkoelen en eet hem koud.

# Tarte Tatin met banaan en chocolade

**Voor 4 personen**

1 portie bladerdeeg

3 à 4 bananen

100 g suiker

2 cl water

75 g boter

50 g acaciahoning

50 g rietsuikerstroop

6 cl volle melk

125 g pure chocolade met een cacaogehalte van 70%

4 taartvormen van 12 cm doorsnee

Maak de karamel van de suiker en 2 cl water. Voeg, als het mengsel licht goudbruin is, van het vuur 10 g boter toe en roer goed door elkaar tot een smeuïge massa. Verdeel de karamel over de vormen.

Spreid het deeg uit op een werkblad en snijd er 4 cirkels uit met een diameter van 12 cm. Prik er met een vork gaatjes in. Leg ze 30 minuten in de koelkast.

Verwarm de oven voor op 200 °C.

Pel de bananen en snijd ze in stukjes van 2 cm dik. Verdeel ze over de vormen, laat daarbij 1 cm langs de randen vrij en bedek ze vervolgens met de bladerdeegbodems. Leg de taartjes op de bakplaat, bedek ze met een stuk bakpapier en leg er een andere bakplaat bovenop, zodat het deeg niet teveel rijst tijdens het bakken. Zet 20 minuten in de oven, haal dan de bovenste bakplaat eraf en laat nog 5 minuten bakken.

Maak de chocoladesaus: verwarm de boter met de honing, de melk en de rietsuikerstroop. Roer goed door elkaar en doe dan de chocolade in stukjes erbij. Goed kloppen.

Keer de taartjes op dessertbordjes en dien ze op met de saus eroverheen of apart.

# Koffietaartjes met specerijen

**Voor 6 personen**

1 portie zanddeeg

15 g boter

1 eetlepel koffielikeur

30 cl goede koffie

4 eetlepels poedersuiker

4 eieren

2 kardemompeulen

2 eetlepels bruine basterdsuiker

6 eenpersoons taartvormpjes

Verwarm de oven voor op 180 °C.

Spreid het deeg uit op een werkblad, sprenkel er koffielikeur overheen en prik er gaatjes in met een vork. Snijd er 6 cirkels uit. Leg deze omgekeerd in de beboterde vormen, zodat de gaatjes tegen de bodem aan komen en zet 30 minuten in de koelkast. Bak de taartbodems blind (zie p. 5).

Zet koffie en laat de kardemom erin trekken (snijd de kardemompeulen open en gebruik alleen de zwarte zaadjes). Laat afkoelen. Klop de eieren met de poedersuiker tot een witte, schuimige massa. Schenk de koffie erin. Zeef het mengsel nog eens en verdeel het over de vormpjes. Zet 20 minuten in de oven. Bedek de taartjes met aluminiumfolie als ze te snel bruin worden.

Zet vlak voor het opdienen de ovengrill aan, bestrooi de taartjes met bruine suiker en zet ze 3 minuten onder de grill met de deur open, let erop dat het niet te snel gaat. Laat een paar minuten afkoelen en... mmm!

# Zoete citroentaart

**Voor 6 à 8 personen**

1 portie zanddeeg

15 g boter

4 eieren

1 eiwit

200 g suiker

25 cl citroensap (van 5 à 6 citroenen)

25 cl crème fraîche

1 eetlepel poedersuiker

1 taartvorm van 28 cm doorsnee

Verwarm de oven voor op 180 °C.

Spreid het deeg dun uit, prik er met een vork gaatjes in, rol het om een deegroller en rol het uit in de beboterde taartvorm, met de gaatjes naar beneden. Zet 30 minuten in de koelkast. Bak de bodem blind (zie p. 5).

Klop de eieren lichtjes tot een wit, schuimig mengsel. Voeg de crème fraîche toe en vervolgens het citroensap. Laat staan tot het schuim verdwenen is.

Temper de oven tot 140 °C.

Schuim het mengsel af zodat schuimrestjes verdwenen zijn. Giet het mengsel op de taartbodem en zet 1 uur in het midden van de oven. Controleer met het lemmet van een mes of het geheel gaar is: het lemmet moet zo goed als schoon blijven. Laat afkoelen en zet minstens 1 uur koud weg voordat je hem opdient.

Zet vlak voor het opdienen de ovengrill aan, bestrooi de taart met poedersuiker, zet hem onder de grill met de deur open en laat de suiker een paar minuten karameliseren. Dien direct op: met crème fraîche, als je een echte lekkerbek bent!

TIP: Mocht je double cream te pakken kunnen krijgen, gebruik die dan voor dit recept. (Dit is een dikke roomsoort, vetter dan slagroom. Wellicht komt een mengsel van 1 deel mascarpone en 2 delen slagroom in de buurt...)

# Kwets-amandeltaart

**Voor 6 à 8 personen**

1 portie zanddeeg

1 kg kwetsen (of kleine pruimen)

100 g amandelpoeder

100 g zachte boter

100 g poedersuiker

2 geklutste eieren

2 eetlepels poedersuiker

1 taartvorm van 24 cm doorsnee

Verwarm de oven voor op 180 °C.

Rol het deeg uit, prik er met een vork gaatjes in, rol het om een deegroller en rol het uit in de beboterde taartvorm, met de gaatjes naar beneden. Zet 30 minuten in de koelkast. Bak de bodem blind (zie p. 5).

Maak de amandelcrème (zie p. 33).

Temper de oven tot 175 °C.

Maak de kwetsen schoon, snijd ze in tweeën en verwijder de pitten. Zet weg. Schenk de amandelcrème op de taartbodem en druk de vruchten erin, met de opengesneden kant naar boven, zodat het deeg niet vochtig wordt. Zet 30 minuten in het midden van de oven: de amandelcrème moet mooi goudbruin en gerezen zijn. Eet de taart lauw.

Bestrooi de taart voor het opdienen met poedersuiker.

TIP: Je kunt vruchten uit de diepvries gebruiken. Ontdooi ze en zorg ervoor dat ze niet meer vol water zitten.

# Sneeuwwitte taart

**Voor 6 personen**

1 portie zanddeeg

15 g boter

300 g witte chocolade

+ 30 g voor het schaafsel

50 cl crème fraîche

4 eidooiers

2 eetlepels poedersuiker

1 taartvorm van 26 cm doorsnee

Verwarm de oven voor op 180 °C.

Rol het deeg uit op een werkblad en prik er met een vork gaatjes in. Rol het om een deegroller en rol het uit in de beboterde taartvorm, met de gaatjes naar beneden. Zet 30 minuten in de koelkast. Bak de bodem blind (zie p. 5).

Temper de oven tot 150 °C.

Laat de witte chocolade au bain-marie smelten met de crème fraîche. Voeg van het vuur en stevig roerend met een houten pollepel een voor een de eieren toe. Giet het mengsel op de taartbodem. Zet 20 minuten in de oven. Laat afkoelen voor het opdienen. Maak met een dunschiller chocoladekrullen van de overgebleven chocolade en bewaar ze koel.

Bestrooi de taart voor het opdienen met de poedersuiker en leg de chocoladekrullen erop. Geef eventueel een vruchtensalade met gembersiroop bij deze taart.

TIP: De taart is pas echt lekker als je heel goede, niet al te zoete chocolade gebruikt. De gembersiroop kun je zelf maken (zie p. 32).

# Peren-chocoladetaart

**Voor 6 personen**

1 portie bladerdeeg

200 g pure chocolade met
een cacaogehalte van 70%

1 blik peren op siroop van
825 g

1 ei

1 eidooier

50 g poedersuiker

6 eetlepels crème fraîche

1 rechthoekige bakvorm

Verwarm de oven voor op 200 °C.

Rol het deeg uit en prik er met een vork gaatjes in. Rol het
om een deegroller en rol het uit in de beboterde taartvorm,
met de gaatjes naar beneden. Zet 30 minuten in de koelkast.
Bak de bodem blind (zie p. 5).

Klop het ei en de eidooier lichtjes op met een vork. Breek de
chocolade in stukken en laat au bain-marie of in de magnetron smelten. Voeg de poedersuiker en de crème fraîche toe
en laat afkoelen.

Temper de oven tot 180 °C.

Giet de peren af. Schenk de helft van de chocolade op het
deeg en meng de eieren vervolgens door de rest van de chocolade. Schenk er dan een tweede laag chocolade overheen
(gebruik een natgemaakte plastic spatel om de chocolade
gelijkmatig te verdelen). Druk de peren mooi gelijkmatig in
de chocolade. Zet 20 minuten in het midden van de oven.

# Kastanje-chocoladetaart

**Voor 6 à 8 personen**

1 portie zanddeeg

65 g pure chocolade

60 g zachte boter

50 g poedersuiker

½ zakje vanillesuiker

250 g kastanjepuree naturel

stukjes gesuikerde kastanje
(desgewenst)

1 taartvorm van 22 cm
doorsnee

Verwarm de oven voor op 180 °C.

Rol het deeg uit op een werkblad en prik er met een vork gaatjes in. Rol het om een deegroller en rol het uit in de beboterde taartvorm, met de gaatjes naar beneden. Zet 30 minuten in de koelkast. Bak de bodem blind (zie p.5): 12 minuten met noodvulling + 15 minuten zonder.

Laat de chocolade met de boter au bain-marie of in de magnetron smelten. Prak de kastanjepuree met een vork en meng de vanillesuiker erdoor. Voeg, van het vuur, eerst de poedersuiker en dan de kastanjepuree aan de chocolade toe en roer goed door, zodat een glad mengsel ontstaat. Roer er voorzichtig wat stukjes gesuikerde kastanje doorheen. Spreid het mengsel uit over de taartbodem met behulp van een plastic spatel. Zet ten minste 4 uur in de koelkast voordat je hem aansnijdt... puur genieten!

# Frambozen-rozentaart

**Voor 4 à 6 personen**

1 portie zanddeeg

20 druppels rozenwater

400 g frambozen

20 rozenblaadjes
(onbespoten)

25 cl melk

2 eieren

1 eiwit

75 g suiker

30 g bloem

100 g koude slagroom

1 eetlepel poedersuiker

1 bakplaat en een bakvorm
van 26 cm doorsnee

Maak de rozenblaadjes de avond tevoren klaar: doe het eiwit in een kom en 25 g suiker in een andere kom. Haal elk blaadje door het eiwit en vervolgens door de suiker en leg ze ten minste 5 uur op een rooster, op een droge, warme plek.

Verwarm de oven voor op 180 °C

Spreid het deeg dun uit op een met bakpapier bedekte bakplaat. Besprenkel het met de helft van het rozenwater. Bak de bodem blind (zie p.5): 12 minuten met noodvulling + 15 minuten zonder. Laat op een rooster afkoelen.

Breng de melk aan de kook. Klop de eieren met 50 g suiker tot het mengsel wit wordt. Roer de bloem erdoorheen. Sprenkel al kloppend de kokende melk erover. Doe alles terug in de pan en blijf 4 à 5 minuten kloppen op laag vuur. Laat afkoelen en zet koud weg, met huishoudfolie eroverheen, direct op de room, zodat er geen vel kan ontstaan. Klop de slagroom stijf en meng deze door de banketbakkersroom. Schenk dit mengsel op de taartbodem, schik de frambozen erop, bestrooi met poedersuiker en versier met de rozenblaadjes. Dit is echt een meidentoetje, bijvoorbeeld ter gelegenheid van de verjaardag van een vriendinnetje.

TRUCJE: Om dit geheel roze dessert helemaal af te maken kun je rode levensmiddelenkleurstof gebruiken, waarvan je een paar druppels aan de banketbakkersroom toevoegt voordat je de slagroom erdoorheen roert.

# Bramenpluktaart

**Voor 4 personen**

1 portie kruimeldeeg

600 g bramen

20 cl heel koude, vloeibare crème fraîche

50 g suiker

1 bosje bonenkruid

1 koffielepel poedersuiker

1 taartvorm van 24 cm doorsnee

Verwarm de oven voor op 180 °C.

Rol het deeg dun uit en prik er met een vork gaatjes in. Rol het om een deegroller en rol het uit in de beboterde taart-vorm, met de gaatjes naar beneden. Zet 30 minuten in de koelkast. Bak de bodem blind (zie p.5): 12 minuten met nood-vulling + 15 minuten zonder.

Leg 300 g bramen met 30 g suiker en het afgeriste bonen-kruid in een hete koekenpan. Sprenkel er wat water over-heen en laat 5 minuten op matig vuur koken, waarbij je voor-zichtig roert, zodat de bramen niet stuk gaan. Laat afkoelen.

Klop de crème fraîche met de resterende suiker in een grote kom goed stijf. Schenk dit in de taartvorm en leg daarbo-venop afwisselend de gekookte en de verse bramen. Bestrooi met poedersuiker.

# Taart met rood fruit

**Voor 4 personen**

1 portie kruimeldeeg

1 eiwit (voor de taartbodem, zie p.5)

500 g rood fruit (aardbeien, bosaardbeitjes, bramen, bosbessen, rode bessen, frambozen)

50 cl volle yoghurt

2 eetlepels poedersuiker

4 eetlepels frambozengelei

2 eetlepels sinaasappelsap

1 taartvorm van 25 cm doorsnee

Schep de yoghurt in een zeef bekleed met een theedoek en laat uitlekken tot de yoghurt lekker dik is, dus zo'n 2 à 3 uur.

Verwarm de oven voor op 180 °C.

Rol het deeg dun uit en prik er met een vork gaatjes in. Rol het om een deegroller en rol het uit in de beboterde taartvorm, met de gaatjes naar beneden. Zet 30 minuten in de koelkast. Bak de bodem blind (zie p.5): 12 minuten met noodvulling + 15 minuten zonder.

Maak het fruit klaar: haal de kroontjes van de aardbeien en snijd de grote door. Maak de bramen, de bosbessen en de frambozen schoon en ris de bessen. Meng in een grote kom de poedersuiker door de yoghurt. Spreid dit uit over de taartbodem en verdeel het fruit erover. Los de frambozengelei op in het sinaasappelsap zodat een siroop ontstaat. Sprenkel dat over het fruit.

Bewaar de taart koel tot het opdienen, maar niet al te lang, want dan wordt de taartbodem zacht.

# Minichoco-kokostaartjes

**Voor 12 stuks**

200 g geraspte kokos

2 geklutste eieren

50 g poedersuiker

180 g melkchocolade

20 cl slagroom

12 flexibele muffinvormpjes

Maak het kokosdeeg: vermeng de kokos met de eieren en de poedersuiker tot een goed homogene massa. Bekleed met vochtige hand de vormpjes geheel met het deeg (als het geen flexibele vormpjes zijn, vergeet dan niet ze in te vetten). Zet 15 minuten in de vriezer.

Verwarm de oven voor op 180 °C.

Maak de ganache klaar: laat de chocolade au bain-marie of in de magnetron smelten en breng vervolgens de room aan de kook. Roer de chocolade van het vuur met een houten pollepel heel voorzichtig door de room. Zet weg op kamertemperatuur.

Bak de taartbodempjes 20 minuten blind met een noodvulling en dan nog 5 minuten zonder vulling. Laat ze afkoelen en hard worden. Verdeel de ganache over de vormpjes en laat ten minste 30 minuten in de koelkast opstijven. Haal ze er een paar minuten voor het opdienen uit, op kamertemperatuur zijn ze lekkerder.

VARIATIE: Je kunt voor dit recept ook pure of witte chocolade gebruiken.

# Snelle citroentaartjes

**Voor 6 personen**

1 portie zanddeeg

1 pot lemon curd

3 amandelkoekjes met citroensmaak

6 taartvormpjes van 8 cm doorsnee

Verwarm de oven voor op 180 °C.

Spreid het deeg uit op een werkblad en snijd er 6 cirkels uit met een diameter van 8 cm. Prik er met een vork gaatjes in en leg ze omgekeerd in de beboterde vormpjes, gaatjes naar beneden. Zet 30 minuten in de koelkast. Bak de bodems blind (zie p. 5): 12 minuten met noodvulling + 10 minuten zonder. Laat afkoelen.

Verbrokkel de amandelkoekjes in de keukenmachine. Verdeel de lemon curd over de koude taartbodems en bestrooi ze met de kleine stukjes van de koekjes.

TIP: Je kunt de amandelkoekjes vervangen door een paar frambozen: heerlijk!

De lemon curd kun je ook zelf maken (zie p. 32).

# Krokante kastanjetaartjes

**Voor 6 personen**

12 velletjes filodeeg

20 g gesmolten boter

100 g gezoete kastanjepurree

10 cl slagroom

1 eetlepel poedersuiker

stukjes gesuikerde kastanje (desgewenst)

6 muffinvormpjes

Leg de velletjes filodeeg op een werkblad en leg er een vochtige theedoek overheen zodat ze niet uitdrogen. Snijd cirkels uit elk velletje waarmee je de vormpjes tot aan de rand kunt bekleden.

Verwarm de oven voor op 180 °C.

Smeer alle vormpjes in met gesmolten boter, bekleed ze met een deegvelletje, smeer dat ook in met boter, en leg er nog een velletje in, dat je ook weer met boter insmeert. Leg er bakpapier in en een noodvulling en zet 20 minuten in het midden van de oven. Verwijder de vulling en het papier voorzichtig, zodat de velletjes niet breken en laat ze op een rooster afkoelen.

Klop de slagroom met de poedersuiker goed stijf in een grote schaal. Meng dat voorzichtig door de kastanjepuree en zet 1 uur in de vriezer. Vul elk taartje met dit mengsel en strooi er stukjes kastanje overheen.

# Verantwoording

## ONDERGROND

Farrow & Ball: Off Black no 57 p. 10, Off Black no 57 p. 12, Off Black no 57 p. 16, Off Black no 57 p. 42, Off Black no 57 p. 52.

## TAFELLINNEN

Agapè: servet p. 34, dekservet p. 42, servet p. 44, p. 50, 58, 60.

Jeannine Cros: p. 8, 14, 28, 48.

## MEUBELS

Agapè: tafel en stoel p. 18, tafel p. 20, tafel en stoel p. 36, tafel op wieltjes p. 54.

## VAATWERK

Agapè: schaal p. 16, bord p. 18, schaal p. 30, bord p. 34, taartrooster p. 36, bord p. 38, bord p. 44, schaal p. 48, dienblad p. 50, kop en schotel p. 54, taartschaal p. 56, dienblad p. 58, schaal p. 60, bord p. 62.

Le Bon Marché: schaal p. 8, schaal p. 46.

The Conran Shop: schaal p. 12, schaal p. 14, schaaltje p. 38.

## BESTEK

Agapè: mes p. 12, vork p. 16, vork p. 18, vork p. 44, mes p. 48, lepeltjes p. 50. lepel p. 58, lepel p. 60. Siècle: mes p. 30.

© 2006 Marabout

Oorspronkelijke titel: **Les bonnes tartes**

Oorspronkelijke uitgever: **Marabout, Parijs**

Voor het Nederlandse taalgebied:

© 2008 Uitgeverij J.H. Gottmer/H.J.W. Becht BV, Postbus 317, 2000 AH Haarlem

(e-mail: post@gottmer.nl)

Uitgeverij J.H. Gottmer/H.J.W. Becht BV is onderdeel van de Gottmer Uitgeversgroep BV

Vertaling: **Joke Radius, Wilnis**

Redactie: **Barbara Luijken, Overveen**

Opmaak: **Jan Brands Bureau voor Grafische Vormgeving, 's-Hertogenbosch**

ISBN 978 90 230 1229 0

NUR 440